El campamento

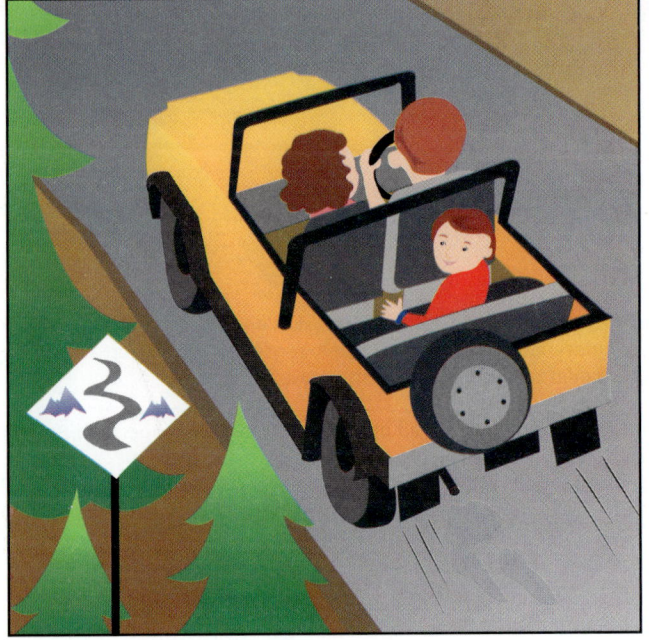

por Marcie Aboff
ilustrado por Solana Pagan

Scott Foresman
is an imprint of
PEARSON

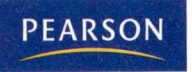

Glenview, Illinois • Boston, Massachusetts • Chandler, Arizona
Upper Saddle River, New Jersey

Every effort has been made to secure permission and provide appropriate credit for photographic material. The publisher deeply regrets any omission and pledges to correct errors called to its attention in subsequent editions.

Unless otherwise acknowledged, all photographs are the property of Pearson.

Photo locations denoted as follows: Top (T), Center (C), Bottom (B), Left (L), Right (R), Background (Bkgd)

Illustrations by Solana Pagan

Photograh by 12 Stephen Oliver/©DK Images

ISBN 13: 978-0-328-53428-9
ISBN 10:   0-328-53428-5

Copyright © by Pearson Education, Inc., or its affiliates. All rights reserved. Printed in the United States of America. This publication is protected by copyright, and permission should be obtained from the publisher prior to any prohibited reproduction, storage in a retrieval system, or transmission in any form or by any means, electronic, mechanical, photocopying, recording, or likewise. For information regarding permissions, write to Pearson Curriculum Rights & Permissions, One Lake Street, Upper Saddle River, New Jersey 07458.

Pearson® is a trademark, in the U.S. and/or other countries, of Pearson plc or its affiliates.

Scott Foresman® is a trademark, in the U.S. and/or other countries, of Pearson Education, Inc., or its affiliates.

2 3 4 5 6 7 8 9 10 V0N4 13 12 11 10

Sus papás ya habían enroscado la carpa. Ahora iban a empacar las cosas para ir de campamento.

A Fernando le encantaba acampar, pero este año no sería lo mismo. Manolo, su hermano mayor, se había marchado a la universidad.

3

Fernando extrañaba mucho a su hermano. Manolo le había enseñado a patear el balón, lo ayudaba con las tareas y jugaba con él en la computadora. Además, Manolo siempre había dirigido las caminatas.

Al despedirse, Manolo le había acariciado el pelo mientras le decía con cariño:

—Ahora tú quedas encargado de dirigir las caminatas.

Fernando y sus padres iniciaron el viaje por las montañas. Subieron por un camino sinuoso y lleno de árboles.

—¡Parece un lugar encantado! —dijo Mamá fascinada.

El sitio donde acamparon quedaba junto a un lago. Los tres permanecieron un rato contemplando el paisaje.

—¡Vamos a nadar! —propuso Fernando.

—Primero tenemos que montar nuestro campamento —dijo Papá.

Fernando ayudó a armar la carpa y sacar los abarrotes. A lo lejos se oía el sonido de la cascada que caía sobre el lago. Fernando recordó las veces que había nadado con Manolo en ese lugar. ¡Cómo habían disfrutado!

Más tarde, Fernando y sus padres fueron a montar a caballo. Fernando pudo sostenerse en el caballo y galopar un rato. Le gustaba el sonido tintineante de los cascos sobre las rocas.

—¡Te felicito, Fernando! —dijo Mamá.

—Has avanzado mucho —dijo Papá.

Después de la cabalgata, regresaron al campamento.

—Mañana iremos de caminata —dijo Papá.

Fernando recordó la divertida caminata del año anterior. Manolo la había dirigido. Mientras caminaban, su hermano había reconocido y nombrado todas las plantas que veían por el camino. Fernando quedó muy impresionado.

Esa noche, Fernando ayudó a sus padres a hacer una fogata. Después calentaron unas tortillas en un comal para hacer quesadillas. La noche estaba un poco fría. Fernando se puso la chaqueta y sintió algo en el bolsillo. Era una brújula.

Fernando sonrió. Manolo le había regalado esa brújula antes de su mudanza a la universidad.

Fernando la movió. La flecha de la brújula empezó a moverse. En ese momento Fernando sintió que Manolo no estaba tan lejos.

—Mira lo que tengo, Papá —dijo Fernando mostrando su brújula—. ¡Yo dirigiré la caminata mañana!

La útil brújula

La brújula es un instrumento que indica la dirección. Nos ayuda a orientarnos cuando vamos de un lugar a otro. Es un instrumento muy útil para los campistas, conductores, pilotos, marineros y cazadores.

La brújula muestra dónde están los puntos cardinales: norte, sur, este y oeste. Tiene una flecha con un imán. El imán sigue la fuerza del polo norte y del polo sur de la Tierra.